BEI GRIN MACHT SICH IHR WISSEN BEZAHLT

- Wir veröffentlichen Ihre Hausarbeit,
  Bachelor- und Masterarbeit

- Ihr eigenes eBook und Buch -
  weltweit in allen wichtigen Shops

- Verdienen Sie an jedem Verkauf

Jetzt bei www.GRIN.com hochladen
und kostenlos publizieren

GRIN ☺

Ausrichtung, Wahrnehmung, Atmung. Eine kurze Anleitung zu einem einfachen und effektiven Achtsamkeitstraining

Andreas Langosch

Bibliografische Information der Deutschen Nationalbibliothek:

Die Deutsche Nationalbibliothek verzeichnet diese Publikation in der Deutschen Nationalbibliografie; detaillierte bibliografische Daten sind im Internet über http://dnb.d-nb.de abrufbar.

ISBN: 9783668720565
Dieses Buch ist auch als E-Book erhältlich.

Druck und Bindung: Books on Demand GmbH, Norderstedt Germany
Gedruckt auf säurefreiem Papier aus verantwortungsvollen Quellen

Das vorliegende Werk wurde sorgfältig erarbeitet. Dennoch übernehmen Autoren und Verlag für die Richtigkeit von Angaben, Hinweisen, Links und Ratschlägen sowie eventuelle Druckfehler keine Haftung.

Das Buch bei GRIN: https://www.grin.com/document/427711

Andreas Langosch

Ausrichtung, Wahrnehmung, Atmung

Eine kurze Anleitung zu einem einfachen
und effektiven Achtsamkeitstraining

Inhaltsverzeichnis

3

Einleitung

Was dieses Achtsamkeitstraining ist, und was es nicht ist

Das Achtsamkeitstraining *Ausrichtung, Wahrnehmung, Atmung* ist ein Mittel, um der Gewohnheit entgegenzuwirken, sich dem bewussten Erleben des gegenwärtigen Moments zu entziehen. Darüber hinaus kann es uns dabei helfen, zu erkennen, was wir hier und jetzt verkörpern, und wie wir es verkörpern.

Es kann im Stehen, im Sitzen, im Gehen und im Liegen durchgeführt werden und besteht darin, sich bewusst mit den Ressourcen *Ausrichtung, Wahrnehmung* und *Atmung* zu verbinden. Das Achtsamkeitstraining *Ausrichtung, Wahrnehmung, Atmung* ist damit ein Grundbestandteil des ressourcenorientierten Arbeitens.[1]

Das Ausbalancieren des Körpers, die bewusste Sinneswahrnehmung und das Genießen der Atempause nach dem Ausatmen sind die Schlüssel zu diesem Achtsamkeitstraining.

Das Achtsamkeitstraining *Ausrichtung, Wahrnehmung, Atmung* ist kein Meditations- und auch kein Entspannungsverfahren. Es

---

[1]Leitfäden zum ressourcenorientierten Arbeiten finden sich in LANGOSCH, Andreas (2015): *Ressourcenorientierte Beratung und Therapie.* Ernst Reinhardt, München, und LANGOSCH, Andreas (2017): *Die Kunst, eine ressourcenaktivierende Einstellung zu vermitteln. Ein Kurs in Resource-Oriented Interviewing.* Grin, München.

nutzt allerdings die bewusste Fokussierung der Aufmerksamkeit auf bestimmte körperliche Aspekte des Erlebens hier und jetzt. Dies kann (muss aber nicht unbedingt) unter bestimmten Umständen auch entspannend wirken.

Wie dieses Achtsamkeitstraining entstanden ist

Das Achtsamkeitstraining *Ausrichtung, Wahrnehmung, Atmung* ist im Rahmen des Resource-Oriented Interviewing, einer besonderen Form der ressourcenorientierten Gesprächsführung, entstanden.[2]

Resource-Oriented Interviewing ist eine Methode, die besonderen Wert darauf legt, dass ihre Anwender eine ressourcenaktivierende Einstellung vermitteln und auch verkörpern. Das Achtsamkeitstraining *Ausrichtung, Wahrnehmung, Atmung* ist daher einerseits unmittelbar mit dem Resource-Oriented Interviewing verknüpft, kann aber andererseits auch unabhängig davon ausgeübt werden.

---

[2]Das Achtsamkeitstraining *Ausrichtung, Wahrnehmung, Atmung* wurde zum ersten Mal als resssourcenorientierte Körperübung beschrieben in LANGOSCH, Andreas (2017): *Die Kunst eine ressourcenaktivierende Einstellung zu vermitteln.* Ein Kurs in Resource-Oriented Interviewing. Grin, München, S. 79 ff.

Es hat zudem enge thematische Bezüge zur ALEXANDER-Technik[3], zum Zen[4], zur Arbeit von Heinrich JACOBY[5] und Elsa GINDLER[6], zur Atemarbeit nach Ilse MIDDENDORF[7], zur BU-TEYKO-Methode[8] und zur Vipassana-Meditation[9].

---

[3]Beispielsweise sind *Innenhalten* und die *Ausrichtung* sehr zentrale Konzepte der ALEXANDER-Technik. Ein Standardwerk zur ALEXANDER-Technik ist ALEXANDER, Frederick Matthias (2001): *Der Gebrauch des Selbst.* Die bewusste Steuerung des Gebrauchs im Bezug auf Diagnose, Funktionieren und Reaktionskontrolle. Karger, Basel/Freiburg/u.a. (Die Originalausgabe erschien 1932 unter dem Titel *The Use of the Self.*)

[4]So wird z.B. Zazen, die Praxis des Zen, als "balance pose" beschrieben in WARNER, Brad (2007): *Sit Down and Shut Up.* Punk Rock Commentaries on Buddha, God, Truth, Sex, Death, and Dogen`s *Treasury of the Right Dharma Eye.* New World Library, Novato, California, S. 34 ff.

[5]Zur Arbeit von Heinrich JACOBY siehe JACOBY, Heinrich (1994): *Jenseits von "Begabt" und "Unbegabt".* Zweckmäßige Fragestellung und zweckmäßiges Verhalten. Schlüssel für die Entfaltung des Menschen. Hrsg. von Sophie LUDWIG. 5. überarbeitete Auflage. Hans Christians, Hamburg.

[6]Zur Arbeit von Elsa GINDLER siehe GINDLER, Elsa (2015): *Neue Aufgaben der Körpererziehung.* "... lauschen, wie die Bewegung verlaufen will." Vortrag, gehalten vermutlich 1948. Heinrich Jacoby - Elsa Gindler - Stiftung, Berlin.

Im Verlauf der Entwicklung des Resource-Oriented Interviewing stellte sich immer mehr heraus, wie wichtig es ist, dass der Gesprächsleiter in der Lage ist, für sich die Frage **"Was verkörpere ich in diesem Augenblick, und wie nutze ich dabei die grundlegenden Ressourcen Ausrichtung, Wahrnehmung und Atmung?"** auf der Basis seines eigenen Zustandsempfindens klar und deutlich zu beantworten. Diese Frage ist die Kernfrage dieses Achtsamkeitstrainings und bildet gleichzeitig ein wichtiges und zentrales Element des Resource-Oriented Interviewing.

---

[7]So betont die Atemarbeit nach Ilse MIDDENDORF z.B. unter anderem auch die Bedeutung der Atempause nach dem Ausatmen. Vgl. hierzu z.B. ILSE-MIDDENDORF-INSTITUTE für den Erfahrbaren Atem® (2018): *Der Erfahrbare Atem.* In: http://erfahrbarer-atem.de/informationen-fuer-die-arbeit/der-erfahrbare-atem/, 28.05.2018

[8]Zur BUTEYKO-Methode, die ab den 1950er Jahren von dem Russischen Arzt Dr. Konstantin BUTEYKO entwickelt wurde, siehe z.B. McKEOWN, Patrick (2015): *Anxiety Free: Stop Worrying And Quieten Your Mind.* Featuring the Buteyko Mindfulness Method. PatrickMcKeown.net

[9]So existiert die Praxis des "Benennens", im Englischen als "Noting" oder "Mental Noting" bezeichnet, z.B. auch in der Vipassana-Meditation. Vgl. hierzu FRONSDAL, Gil (2008): *Mental Noting.* Transcribed and Lightly Edited from a talk by Gil Fronsdal 7/20/08. In: www.insightmeditationcenter.org/articles/noting-transcribed.pdf, 28.05.2018

Der Ablauf

Das Achtsamkeitstraining *Ausrichtung, Wahrnehmung, Atmung* kann im Stehen, im Sitzen, im Gehen und im Liegen durchgeführt werden. Der Ablauf ist dabei wie folgt:

Im Stehen

Stellen Sie sich hin und nehmen Sie Ihre Füße wahr. Spüren Sie Ihre Fußsohlen und danach die Füße insgesamt. Spüren Sie nun Ihre Knie und nehmen Sie wahr, wie Ihre Knie über Ihren Füßen balancieren. Danach richten Sie Ihre Aufmerksamkeit auf Ihre Hüften und werden gewahr, wie Ihre Hüften über Ihren Knien und Ihren Füßen balancieren. Als nächstes spüren Sie Ihren Schultergürtel und bemerken, wie Ihr Schultergürtel über Ihren Hüften, Ihren Knien und Ihren Füßen balanciert. Dann nehmen Sie Ihren Kopf war und fühlen, wie Ihr Kopf über Ihrem Schultergürtel sowie über Ihren Hüften, Knien und Füßen balanciert. Wenn der Kopf dabei sanft nach oben zu schweben scheint und die Schultern herabsinken, lassen Sie dies einfach geschehen.[10] Der Nacken ist frei. Der Kopf ist gelöst und frei beweglich. Die Augen sind offen. Sie liegen gelassen in den Augenhöhlen und können sich sanft und frei bewegen.

[10]Vgl. SCHLEIP, Robert (1990): *Der aufrechte Mensch.* Übungskurs für eine gelöste Körperhaltung und einen aufrechten Gang. Sphinx, Basel, S.39

Ihre Aufmerksamkeit richtet sich jetzt auf Ihre Augen und das Sehen. Benennen Sie nun innerlich (lautlos) für sich drei Dinge, die Sie sehen. Danach richten Sie Ihre Aufmerksamkeit auf Ihre Ohren und das Hören und bennen innerlich (lautlos) für sich drei Dinge, die Sie hören. Dann richten Sie Ihre Aufmerksamkeit auf das Spüren und bennen innerlich (lautlos) für sich drei Dinge, die Sie spüren.

Spüren Sie jetzt Ihren Atem. Spüren Sie das Einatmen, das Ausatmen, und spüren und genießen Sie bewusst die Pause nach jedem Ausatmen. Sollte Ihr Atem nach dem Ausatmen keine Pause machen, halten Sie selbst bitte bewusst Ihren Atem nach jedem Ausatmen für maximal ein bis zwei Sekunden an. Genießen Sie diese Pause. Der Atem bleibt dabei langsam, sanft, leicht, gelassen und leise.[11] Atmen Sie mittels Bauch- bzw. Zwerchfellatmung! Atmen Sie dabei stets durch die Nase ein und aus, nicht durch den Mund! Halten Sie den Mund geschlossen!

Im Sitzen

Setzen Sie sich auf einen Stuhl oder Hocker und spüren Sie den Kontakt zur Sitzfläche. Nehmen Sie nun Ihre Sitzbeinhöcker wahr und spüren Sie deren Kontakt zur Sitzfläche. Fühlen Sie dann, wie Ihr Schultergürtel über Ihren Sitzbeinhöckern balanciert. Danach

---

[11]Vgl. McKEOWN, Patrick (2015): *Anxiety Free: Stop Worrying And Quieten Your Mind.* Featuring the Buteyko Mindfulness Method. PatrickMcKeown.net, S. 26

werden Sie gewahr, wie *Ihr Kopf über Ihrem Schultergürtel und Ihren Sitzbeinhöckern balanciert. Wenn der Kopf dabei sanft nach oben zu schweben scheint und die Schultern herabsinken, lassen Sie dies einfach geschehen. Der Nacken ist frei. Der Kopf ist gelöst und frei beweglich. Die Augen sind offen. Sie liegen gelassen in den Augenhöhlen und können sich sanft und frei bewegen.*

Ihre Aufmerksamkeit richtet sich jetzt auf Ihre Augen und das Sehen. Benennen Sie nun innerlich (lautlos) für sich drei Dinge, die Sie sehen. Danach richten Sie Ihre Aufmerksamkeit auf Ihre Ohren und das Hören und bennen innerlich (lautlos) für sich drei Dinge, die Sie hören. Dann richten Sie Ihre Aufmerksamkeit auf das Spüren und bennen innerlich (lautlos) für sich drei Dinge, die Sie spüren.

Spüren Sie jetzt Ihren Atem. Spüren Sie das Einatmen, das Ausatmen, und spüren und genießen Sie bewusst die Pause nach jedem Ausatmen. Sollte Ihr Atem nach dem Ausatmen keine Pause machen, halten Sie selbst bitte bewusst Ihren Atem nach jedem Ausatmen für maximal ein bis zwei Sekunden an. Genießen Sie diese Pause. Der Atem bleibt dabei langsam, sanft, leicht, gelassen und leise. Atmen Sie mittels Bauch- bzw. Zwerchfellatmung! Atmen Sie dabei stets durch die Nase ein und aus, nicht durch den Mund! Halten Sie den Mund geschlossen!

Im Gehen

Spüren Sie im Gehen Ihre Hüftgelenke und Ihr Becken. Fühlen Sie dann, wie Ihr Schultergürtel über Ihrem Becken balanciert. Danach werden Sie gewahr, wie Ihr Kopf über Ihrem Schultergürtel und Ihrem Becken balanciert. Wenn der Kopf dabei sanft nach oben zu schweben scheint und die Schultern herabsinken, lassen Sie dies einfach geschehen. Der Nacken ist frei. Der Kopf ist gelöst und frei beweglich. Die Augen sind offen. Sie liegen gelassen in den Augenhöhlen und können sich sanft und frei bewegen.

Ihre Aufmerksamkeit richtet sich jetzt auf Ihre Augen und das Sehen. Benennen Sie nun innerlich (lautlos) für sich drei Dinge, die Sie sehen. Danach richten Sie Ihre Aufmerksamkeit auf Ihre Ohren und das Hören und bennen innerlich (lautlos) für sich drei Dinge, die Sie hören. Dann richten Sie Ihre Aufmerksamkeit auf das Spüren und bennen innerlich (lautlos) für sich drei Dinge, die Sie spüren.

Spüren Sie jetzt Ihren Atem. Spüren Sie das Einatmen, das Ausatmen, und spüren und genießen Sie bewusst die Pause nach jedem Ausatmen. Sollte Ihr Atem nach dem Ausatmen keine Pause machen, halten Sie selbst bitte bewusst Ihren Atem nach jedem Ausatmen für maximal ein bis zwei Sekunden an. Genießen Sie diese Pause. Der Atem bleibt dabei langsam, sanft, leicht, gelassen und leise. Atmen Sie mittels Bauch- bzw. Zwerchfellatmung! Atmen Sie dabei stets durch die Nase ein und aus, nicht durch den Mund! Halten Sie den Mund geschlossen!

Sobald Sie genug Erfahrung mit dieser Übung haben, können Sie das Erspüren auf die ganze Körperlänge ausdehnen, d.h. spüren, wie der Körper vom Fußboden aus über Füße, Knie, Hüfte, Schulterbereich und Kopf beim Gehen balanciert.

Im Liegen

Spüren Sie im Liegen die einzelnen Auflagepunkte bzw. Kontaktflächen Ihres Körpers zur Unterlage. Geben Sie Ihr ganzes Gewicht bewusst an die Unterlage ab. Der Nacken ist auch im Liegen frei. Der Kopf ist gelöst und beweglich. Die Augen sind offen, liegen gelassen in den Augenhöhlen und können sich sanft und frei bewegen.

Ihre Aufmerksamkeit richtet sich jetzt auf Ihre Augen und das Sehen. Benennen Sie nun innerlich (lautlos) für sich drei Dinge, die Sie sehen. Danach richten Sie Ihre Aufmerksamkeit auf Ihre Ohren und das Hören und bennen innerlich (lautlos) für sich drei Dinge, die Sie hören. Dann richten Sie Ihre Aufmerksamkeit auf das Spüren und bennen innerlich (lautlos) für sich drei Dinge, die Sie spüren.

Spüren Sie jetzt Ihren Atem. Spüren Sie das Einatmen, das Ausatmen, und spüren und genießen Sie bewusst die Pause nach jedem Ausatmen. Sollte Ihr Atem nach dem Ausatmen keine Pause machen, halten Sie selbst bitte bewusst Ihren Atem nach jedem Ausatmen für maximal ein bis zwei Sekunden an. Genießen Sie diese Pause. Der Atem bleibt dabei langsam, sanft, leicht, gelas-

sen und leise. Atmen Sie mittels Bauch- bzw. Zwerchfellatmung! Atmen Sie dabei stets durch die Nase ein und aus, nicht durch den Mund! Halten Sie den Mund geschlossen!

Die Kernpunkte: Ausrichtung, Wahrnehmung und Atmung

Ausrichtung

Der Bereich *Ausrichtung* ist der Teil dieses Trainings, bei dem die einzelnen Körperzonen (z.B. Knie, Hüfte, Kopf etc.) übereinander balancieren.

Dabei geht es hauptsächlich darum, den Körper wirklich balancieren zu lassen und sich dabei möglichst wenig einzumischen. "Ich halte mich nicht aufrecht, sondern ich lasse meinen Körper sich selbst ausbalancieren" lautet dabei das Motto. Dies führt häufig dazu, dass wir Spannungen in einzelnen Körperbereichen bewusst spüren und loslassen können.

Unterlassen bzw. unterbunden werden sollten bei der Ausrichtung bzw. beim Ausbalancieren des Körpers vor allem

&. der Impuls, absichtlich besonders gerade zur stehen, zu sitzen etc.,

&. die Tendenz, unbeweglicher zu werden,

&. und die Absicht, sich bewusst "nach oben zu ziehen".

Das Ausrichten ist in diesem Training also keine Haltungsübung, sondern vor allem ein Balancieren-Lassen des Körpers.

Sollte es bei der *Ausrichtung* zu Irritationen kommen, wechseln Sie am besten einfach in einen der beiden anderen Bereiche

15

(*Wahrnehmung* oder *Atmung*) oder brechen Sie das Training ab und setzen eine Weile damit aus!

Wahrnehmung

Der Bereich *Wahrnehmung* ist der Teil dieses Trainings, bei dem Etwas bewusst gesehen, gehört, gespürt und benannt wird.

Dabei geht es hauptsächlich darum, bewusst wahrzunehmen, was hier und jetzt um uns herum (sehen und hören) und in uns (spüren) geschieht. Sobald Sie genug Erfahrung mit dieser Übung haben, können Sie das Riechen und Schmecken miteinbeziehen, sofern es situativ passt.

Unterlassen bzw. unterbunden werden sollten bei der Wahrnehmung vor allem

   ℰ der Impuls, zu glotzen oder zu starren,

   ℰ die Tendenz, gespannt zu horchen,

   ℰ die Absicht, per Gespür schnell etwas erhaschen zu wollen,

   ℰ und der Drang, innerlich zu sinnieren und zu fabulieren, anstatt einfach nur kurz zu benennen.

Das Wahrnehmen ist in diesem Training also kein gieriges Ausgreifen nach Außen, sondern ein gelassenes, waches Einströmen-Lassen von Sinneseindrücken.

Sollte es bei der *Wahrnehmung* zu Irritationen kommen, wechseln Sie am besten einfach in einen der beiden anderen Bereiche

(*Ausrichtung* oder *Atmung*) oder brechen Sie das Training ab und setzen eine Weile damit aus!

Atmung

Der Bereich *Atmung* ist der Teil dieses Trainings, bei dem per Zwerchfellatmung bewusst durch die Nase ein- und ausgeatmet und die Atempause nach jedem Ausatmen genossen wird.

Sehr wichtig ist dabei, den Atem nicht zu irritieren, oder eine Veränderung des Atems zu forcieren. Sofern von selbst noch keine Atempause nach dem Ausatmen stattfindet, sollte der Atem in dieser Phase auf keinen Fall länger als ein bis zwei Sekunden angehalten werden.

Unterlassen bzw. unterbunden werden sollten beim Atmen vor allem

   ৡ der Impuls, die Atempause anfangs länger als ein bis zwei Sekunden auszudehnen,

   ৡ die Tendenz, größere und/oder schnellere Atemzüge zu machen,

   ৡ und die Neigung, in den Brustbereich (Brustatmung), anstatt in den Bauch (Zwerchfellatmung) zu atmen.

Das Atmen ist in diesem Training also keine Dressur des Atems, sondern das Erlaubnis-Geben an den Atem, bei geschlossenem Mund durch die Nase langsam, leise, ohne Seufzer und

Gähnen zu geschehen, und von außen nicht oder zumindest kaum sichtbar zu sein.

Sollte es bei der *Atmung* zu Irritationen kommen, wechseln Sie am besten einfach in einen der beiden anderen Bereiche (*Ausrichtung* oder *Wahrnehmung*) oder brechen Sie das Training ab und setzen eine Weile damit aus!

Fragen und Antworten

Welche Bedeutung hat das Innehalten?

Das Innehalten ist beim Achtsamkeitstraining *Ausrichtung, Wahrnehmung, Atmung* von zentraler Bedeutung. Wir halten inne

& durch das Ausrichten und beim Ausrichten des Körpers,

& durch das bewusste Wahrnehmen und beim bewussten Wahrnehmen durch die Sinne,

& durch das Genießen und beim Genießen der Atempause nach jedem Ausatmen.

Wenn Ihnen z.B. jemand in einem schwierigen Gespräch auf drängende Art und Weise eine Frage stellt, können Sie beispielsweise mit Hilfe der Atempause erst einmal innehalten, indem Sie erst antworten, nachdem Sie ganz bewusst ein- oder zweimal Ihre Atempause nach dem Ausatmen gespürt und genossen haben. Das Gleiche (Innenhalten) funktioniert auch mit Hilfe der Ausrichtung oder Wahrnehmung. Reagieren bzw. antworten Sie ganz bewusst erst dann, wenn Sie drei Dinge bewusst gesehen, gehört oder gespürt und innerlich benannt haben, oder nachdem Sie bewusst gespürt haben, wie z.B. Ihr Kopf über dem Schulterbereich und der Hüfte balanciert!

Innehalten ist ein wichtiger Schlüssel zur bewussten Verhaltenssteuerung und damit auch für bewusste Verhaltensänderungen.[12] Es hilft beim Unterbrechen von Routinen und Gewohnheiten und dadurch auch beim Erlernen neuer Tätigkeiten. Innehalten erhöht somit in besonderem Maße die Selbststeuerungskompetenz.

Üben, nicht üben ... oder doch üben?

Beim Üben geht es darum, Etwas zum Erlernen einer Fähigkeit wiederholt zu tun. Üben deutet daher oft auf Routine hin.

Das Achtsamkeitstraining *Ausrichtung, Wahrnehmung, Atmung* erfordert sicherlich wiederholtes Üben. Gleichzeitig spielt - wie oben bereits erwähnt - das Innehalten und die damit verbundene Unterbrechung von Routinen eine wesentliche Rolle.

Bei diesem Achtsamkeitstraining verbindet sich beides - Wiederholung und Innehalten - zu einem experimentellen, immer wieder neuen und frischen Erarbeiten[13].

[12]Vgl. zum Thema *Innehalten*, das manchmal auch als *Unterbinden* bezeichnet wird, ALEXANDER, Frederick Matthias (2001): *Der Gebrauch des Selbst*. Die bewusste Steuerung des Gebrauchs im Bezug auf Diagnose, Funktionieren und Reaktionskontrolle. Karger, Basel/Freiburg/u.a., S. 23 ff., 38, 47, 53 und 77 f.

[13]Zum Begriff des Erarbeitens vgl. JACOBY, Heinrich (1989): *Erziehen - Unterrichten - Erarbeiten. Aus Kursen in Zürich 1954/55*. Bearb. u. hrsg. von Sophie LUDWIG in Verbindung mit d. Heinrich-Jacoby / Elsa-Gindler-Stiftung. Hans Christians, Hamburg, S. 17 ff.

Auf Zeichen achten oder Veränderung forcieren?

Beim Achtsamkeitstraining *Ausrichtung, Wahrnehmung, Atmung* kann, soll und darf nichts erzwungen werden. Entwicklung mit Nachdruck vorantreiben zu wollen, wäre hier fehl am Platze.

Es geht hier hauptsächlich darum, den eigenen Zustand und die Umwelt bewusst wahrzunehmen, sowie Zustandsveränderungen zu erkennen. Dabei kann es sich z.B. um die Entspannung des Schulterbereiches, nachlassende Verspannung im unteren Rücken, ein Kribbeln in der Nase oder das Sehen und Hören von Dingen, die man vorher gar nicht bemerkt hatte, handeln.

Bewusstes Zustandsempfinden[14], Innehalten und Üben greifen hier eng ineinander und führen schließlich zum Erarbeiten.

Training 24/7, also rund um die Uhr?

Einzelne Elemente des Achtsamkeitstrainings *Ausrichtung, Wahrnehmung, Atmung* lassen sich grundsätzlich in jeder wachen Stunde, Minute oder Sekunde durchführen, also 24 Stunden am Tag, 7 Tage die Woche - d.h. rund um die Uhr. Das Training ist sowohl bei der Arbeit, als auch in der Freizeit einsetzbar.

---

[14]Zur Bedeutung des Zustandsempfindens vgl. GINDLER, Elsa (2015): *Neue Aufgaben der Körpererziehung.* "... lauschen, wie die Bewegung verlaufen will." Vortrag, gehalten vermutlich 1948. Heinrich Jacoby - Elsa Gindler - Stiftung, Berlin, S. 20 f.

Beachten Sie jedoch bitte unbedingt folgenden Warnhinweis: **Wenden Sie dieses Training nicht bei Tätigkeiten an, die Ihre eingeschliffenen Routinen erfordern, wie z.B. Ihr Verhalten im Straßenverkehr oder das Bedienen schwerer Maschinen!**

Machen Sie sich auch immer wieder klar, bei welchen Tätigkeiten und in welchen Situationen Sie dieses Achtsamkeitstraining nicht einsetzen wollen!

Gleichzeitig sollten Sie sich aber auch darüber bewusst sein, dass vermehrtes, häufigeres Training mit der richtigen Einstellung (s.o. unter den Begriffen *Innenhalten*, *Üben* und *Auf Zeichen achten*) zu schnelleren und besseren Ergebnissen führt.

Einfach aber nicht leicht ... oder doch auch leicht?

Gut überschaubare Methoden, Ansätze, Werkzeuge etc. werden manchmal als strukturell einfach, aber nicht leicht in ihrer Umsetzung beschrieben. Dies gilt zum Teil auch für das Achtsamkeitstraining *Ausrichtung, Wahrnehmung, Atmung*, denn unter anderem geht es hierbei auch um die Veränderung von Gewohnheiten, vor allem der Gewohnheit, sich dem bewussten Erleben des gegenwärtigen Moments zu entziehen - und die Veränderung von Gewohnheiten fällt selten leicht.

Dennoch kann sich bei regelmäßigem Üben eine gewisse Leichtigkeit einstellen, bedingt durch die direkten Wirkungen des

Trainings auf den Körper. Dies kann wiederum dazu führen, dass es leichter wird, regelmäßig zu üben.

Experimentieren und entdecken - der Modus Operandi?

Das Achtsamkeitstraining *Ausrichtung, Wahrnehmung, Atmung* basiert auf einem sehr experimentellen Ansatz.

Hierbei können z.B. einzelne Bereiche und Elemente des Achtsamkeitstrainings miteinander kombiniert werden. Diese Bereiche und Elemente sind:

Bereich	**Element**
Ausrichtung	<u>Im Stehen</u>
	ẑ Füße
	ẑ Knie
	ẑ Hüfte
	ẑ Schultergürtel
	ẑ Kopf
	<u>Im Sitzen</u>
	ẑ Sitzbeinhöcker
	ẑ Schultergürtel

- Kopf

Im Gehen

- Hüfte
- Schultergürtel
- Kopf

(Später können noch Füße und Knie dazukommen.)

Im Liegen

- Kontakt bzw. Auflageflächen zur Unterlage

Wahrnehmung

- Sehen (und Benennen)
- Hören (und Benennen)
- Spüren (und Benennen)

(Später können noch Riechen und Schmecken dazukommen.)

Atmung

- Atempause (Das Genießen der Atempause nach dem Ausatmen.)
- Zwerchfellatmung
- Nasenatmung (Durch die Nase ein- und ausatmen. Dabei den Mund geschlossen halten.)

So kann z.B. das Genießen der Atempause mit dem Spüren des Balancierens der Knie über den Füßen verbunden werden, oder das bewusste Hören und Benennen des Gehörten mit dem Balancieren des Kopfes über Schultergürtel, Hüfte, Knien und Füßen. Die Kombinationsmöglichkeiten sind zahlreich und laden zu immer neuen Experimenten ein.

Eine experimentelle Einstellung gehört zum Modus Operandi des Achtsamkeitstrainings *Ausrichtung, Wahrnehmung, Atmung.*

Schlusswort

Das Achtsamkeitstraining *Ausrichtung, Wahrnehmung, Atmung* ist ein sehr wirksames Werkzeug. Überlegen und beachten Sie daher genau, wann und wozu Sie es einsetzen wollen - und wann und wozu nicht!

Mit Hilfe der o.g. Ausführungen zum Ablauf des Trainings sollten Sie schon ganz gut vorankommen. Manchmal ist es jedoch noch hilfreicher, sich immer wieder bewusst werden zu lassen, was bei diesem Training unterbunden werden sollte, was es also wegzulassen gilt.[15] Durchkreuzen, unterbinden und stoppen Sie beim Achtsamkeitstraining *Ausrichtung, Wahrnehmung, Atmung* :

- den Impuls, absichtlich besonders gerade zur stehen, zu sitzen etc.,

- die Tendenz, unbeweglicher zu werden,

- die Absicht, sich bewusst "nach oben zu ziehen",

- den Impuls, zu glotzen oder zu starren,

- die Tendenz, gespannt zu horchen,

- die Absicht, per Gespür schnell etwas erhaschen zu wollen,

- den Drang, innerlich zu sinnieren und zu fabulieren, anstatt einfach nur kurz zu benennen,

---

[15]Zu diesem Phänomen des "subtraktiven Wissens" siehe z.B. TALEB, Nassim Nicholas (2012): *Antifragile. Things That Gain from Disorder.* Random House, New York, S. 301 ff.

≈ den Impuls, die Atempause anfangs länger als ein bis zwei Sekunden auszudehnen,

≈ die Tendenz, größere und/oder schnellere Atemzüge zu machen,

≈ und die Neigung, in den Brustbereich (Brustatmung), anstatt in den Bauch (Zwerchfellatmung) zu atmen.

Außerdem sollten Sie darauf achten, unbedingt durch die Nase ein- und auszuatmen, und nicht durch den Mund.

Beachten Sie diese Not-To-Do-Liste bitte genauso gründlich und gewissenhaft wie die Anleitungen zum Ablauf des Trainings!

Literaturverzeichnis

ALEXANDER, Frederick Matthias (2001): *Der Gebrauch des Selbst.* Die bewusste Steuerung des Gebrauchs im Bezug auf Diagnose, Funktionieren und Reaktionskontrolle. Karger, Basel/Freiburg/u.a. (Die Originalausgabe erschien 1932 unter dem Titel *The Use of the Self.*)

FRONSDAL, Gil (2008): *Mental Noting.* Transcribed and Lightly Edited from a talk by Gil Fronsdal 7/20/08. In: www.insightmeditationcenter.org/articles/noting-transcribed.pdf, 28.05.2018

GINDLER, Elsa (2015): *Neue Aufgaben der Körpererziehung.* "... lauschen, wie die Bewegung verlaufen will." Vortrag, gehalten vermutlich 1948. Heinrich Jacoby - Elsa Gindler - Stiftung, Berlin

ILSE-MIDDENDORF-INSTITUTE für den Erfahrbaren Atem® (2018): *Der Erfahrbare Atem.* In: http://erfahrbarer-atem.de/informationen-fuer-die-arbeit/der-erfahrbare-atem/, 28.05.2018

JACOBY, Heinrich (1994): *Jenseits von "Begabt" und "Unbegabt".* Zweckmäßige Fragestellung und zweckmäßiges Verhalten. Schlüssel für die Entfaltung des Menschen. Hrsg. von Sophie LUDWIG. 5. überarbeitete Auflage. Hans Christians, Hamburg

JACOBY, Heinrich (1989): *Erziehen - Unterrichten - Erarbeiten.* Aus Kursen in Zürich 1954/55. Bearb. u. hrsg. von Sophie LUDWIG in Verbindung mit d. Heinrich-Jacoby / Elsa-Gindler-Stiftung. Hans Christians, Hamburg

LANGOSCH, Andreas (2017): *Die Kunst, eine ressourcenaktivierende Einstellung zu vermitteln.* Ein Kurs in Resource-Oriented Interviewing. Grin, München

LANGOSCH, Andreas (2015): *Ressourcenorientierte Beratung und Therapie.* Ernst Reinhardt, München

McKEOWN, Patrick (2015): *Anxiety Free: Stop Worrying And Quieten Your Mind.* Featuring the Buteyko Mindfulness Method. PatrickMcKeown.net

SCHLEIP, Robert (1990): *Der aufrechte Mensch.* Übungskurs für eine gelöste Körperhaltung und einen aufrechten Gang. Sphinx, Basel

TALEB, Nassim Nicholas (2012): *Antifragile.* Things That Gain from Disorder. Random House, New York

WARNER, Brad (2007): *Sit Down and Shut Up.* Punk Rock Commentaries on Buddha, God, Truth, Sex, Death, and Dogen`s *Treasury of the Right Dharma Eye.* New World Library, Novato, California